OBSERVATIONS

POUR LA

SOCIÉTÉ DE L'ÉTABLISSEMENT DE SAINT-GALMIER

ET AUTRES

A L'APPUI D'UNE

DEMANDE DE DÉCLARATION D'INTÉRÊT PUBLIC

DES SOURCES

BADOIT, RÉMY, NOËL

PARIS
IMPRIMERIE ET LIBRAIRIE CENTRALES DES CHEMINS DE FER
IMPRIMERIE CHAIX
SOCIÉTÉ ANONYME AU CAPITAL DE CINQ MILLIONS
Rue Bergère, 20
1897

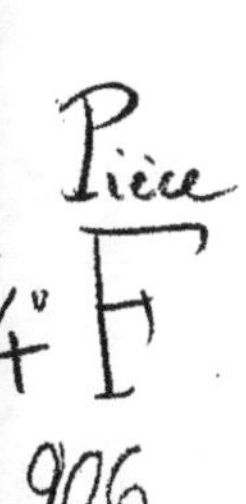

OBSERVATIONS

POUR

1° La **Société anonyme de l'Établissement de Saint-Galmier**, dont le siége est à Saint-Galmier (Loire), représentée par son Administrateur délégué;

2° M. Ambroise-Rémy **Thiollière de la Garinière** et Mlle Ambroisine-Jeanne **Thiollière de la Garinière**;

3° Mme Marie **Durret**, veuve **Badard**, et MM. Antoine et Jean-Baptiste **Durret**;

Tous domiciliés à Saint-Galmier

A L'APPUI

D'UNE DEMANDE DE DÉCLARATION D'INTÉRÊT PUBLIC

DES SOURCES

Noël, Courbière, Badoit, André, de la Ville Rémy et Centrales

Le 25 octobre 1895, les exposants ont adressé à M. le Préfet de la Loire une requête tendant à ce que leurs sources d'eaux minérales fussent déclarées d'intérêt public, conformément à la loi du 14 juillet 1856.

Les avis administratifs s'accordent à reconnaître la nécessité de la mesure demandée : nous n'aurions rien à ajouter aux rapports si concluants des Ingénieurs et de l'Inspecteur général des Mines, si les consorts Forissier n'avaient cru devoir produire un Mémoire en opposition auquel nous ne pouvons pas nous dispenser de répondre.

Sous la rubrique « *Faits* », les adversaires discutent l'opportunité de la déclaration d'intérêt public; sous la rubrique « *Discussion* », ils nous opposent quatre fins de non-recevoir et ils contestent, en droit, que la loi de 1856 soit applicable aux sources de Saint-Galmier.

Nous nous efforcerons de suivre, au moins dans ses grandes lignes. l'ordre de leur argumentation.

NÉCESSITÉ DE LA DÉCLARATION D'INTÉRÊT PUBLIC

I. — En échange de la protection qu'elle leur accorde contre les entreprises dommageables de leurs voisins, la loi de 1856 impose aux propriétaires de sources déclarées d'intérêt public une rigoureuse sujétion. Les soumettant au régime de la réglementation et du contrôle administratifs, elle leur interdit d'entreprendre sur leur propre terrain aucun travail de captage et d'aménagement sans l'autorisation du Préfet (art. 8); elle édicte des amendes pour la répression des infractions (art. 13 et 14); elle permet l'expropriation de la source et de ses dépendances si le mode d'exploitation ne satisfait pas l'Administration (art. 12).

En général, les propriétaires de sources renommées, dont la marque est connue du public et qui n'ont pas à redouter de sérieuse concurrence commerciale, préfèrent ne pas aliéner leur indépendance. Ils ne se déterminent à solliciter la déclaration d'intérêt public que dans un but de préservation de leurs sources mêmes contre des travaux imprudents ou agressifs.

La préoccupation de conserver l'eau minérale, bien plus que la crainte d'une diminution de clientèle, a motivé les nombreuses demandes de déclaration d'intérêt public qui, depuis plus de quarante ans, ont été formulées successivement par les divers propriétaires de Saint-Galmier; nous nous bornerons à mentionner celles de la Commune, de 1856 à 1859; de la Société des Eaux minérales pour les sources André et Badoit, en 1864; de Mme Desjoyaux, en 1880, et de MM. Richarme, en 1883, pour la source Noël; enfin, en 1884, pour les sources appartenant à la Ville.

Il est à remarquer que ces diverses demandes sont intervenues, toutes sans exception, à la suite de travaux de recherches opérés dans le voisinage immédiat des puits appartenant aux impétrants; que toutes ont été également rétractées par leurs auteurs en cours d'instruction, lorsque le trouble passager des recherches avait cessé par suite de la découverte d'une nouvelle source. Autant les fouilles dans le sol, au cours d'une période d'investigation, paraissaient dangereuses pour la conservation de l'ensemble du gisement minéral, autant la concurrence éventuelle d'une source de plus ou de moins était tenue pour négligeable.

II. — La constitution géologique du bassin de Saint-Galmier justifie les alarmes causées par toute entreprise nouvelle. De tout temps, les spécialistes qui ont étudié ce bassin ont admis comme un axiome que toutes les sources, puisant à un gisement unique, à un même réservoir souterrain, sont solidaires les unes des autres. Nous citerons seulement les savants rapports de M. l'ingénieur *Batillat*, en 1860, l'étude de M. *Le Verrier* sur la *Géologie du Forez* (bull. de la Société de l'Industrie minérale, 3e série, t. II, 1888, 1re livr.), le rapport de MM. *Babu, Ratcau et Lebreton* (produit par les adversaires).

Il suffit, d'ailleurs, d'examiner la topographie de Saint-Galmier pour se convaincre de l'exactitude de cette appréciation. Toutes les sources qui ont été ou sont encore exploitées, se trouvent réunies au pied de la colline granitique sur laquelle est bâtie la ville de Saint-Galmier, au voisinage immédiat de la rivière la Coise.

La source primitive, la Fontfort, déjà célèbre au temps des Romains, émergeait autrefois du sol à flanc du coteau; vers 1840, elle a été captée à un niveau inférieur, dans le Puits de la Ville, construit au bas de la rampe, sur une place en bordure de la rivière; sa minéralisation était très grande.

En 1843, le puits André, ouvert à 15 mètres, lui a causé le plus sérieux dommage, si bien qu'elle n'est plus exploitée depuis vingt-cinq ans.

A son tour, de 1845 à 1848, le puits André a souffert de l'ouverture du puits Badoit, creusé en arrière. à 10 mètres; il a été acquis en 1859 par la Société exposante fermière du Puits Badoit et finalement a été abandonné.

En 1866, le puits Rémy, à une vingtaine de mètres en arrière du puits Badoit, en a menacé l'existence, si bien que, pour les maintenir l'un et l'autre, une fusion entre les exploitants a été nécessaire.

Sur la même rive de la Coise, à droite du chemin de la côte de la Fontfort, à moins de 100 mètres à l'est des groupes susmentionnés, se trouvent la source Courbière et la source Nouvelle, qui n'ont jamais donné de résultats très satisfaisants.

Du côté opposé du chemin de la Côte, à 30 mètres de la Fontfort et à 45 du puits Badoit, dans une parcelle comprise entre la promenade Badoit, la route départementale, le chemin de grande communication n° 6 et le chemin de la Côte, M. Forissier père a découvert, en 1884, la source Romaine n° 1. Bien qu'il eût, suivant l'indication fournie par le mémoire des adversaires, dépensé 150.000 francs en travaux de recherches, M. Forissier père s'est abstenu de profiter de l'autorisation d'exploiter qui lui avait été accordée en 1885. C'est sur cette même parcelle que les adversaires se sont livrés aux agissements qui ont motivé notre demande actuelle et ont trouvé la source baptisée, d'abord Sainte-Marie et ensuite puits Romain n° 2. Ce dernier n'est pas encore autorisé.

Dans la partie du lit de la rivière faisant face aux diverses sources de la rive droite, on voit sourdre, en temps de sécheresse, des bulles de gaz entre les fissures du granite, ce qui témoigne de la continuité du gisement inférieur.

Sur la rive gauche, toujours dans le prolongement vers le sud de l'emplacement des sources de la Ville, André, Badoit, Rémy, on trouve : à 50 mètres environ du front de celles-ci, les sources Centrales et le puits des Acacias ; à 60 mètres, le puits Durret ; entre 100 et 200 mètres, échelonnés, les puits de la source Noël.

« Sur le plan joint à notre rapport », disent les experts Babu, Rateau et Lebreton, « on peut voir que *sources et travaux sont groupés dans un périmètre très restreint qui ne mesure pas plus de 250 mètres de long sur 75 mètres de large. Dans ce périmètre, on compte 24 puits, et même, si l'on ne considère que le groupe situé sur la rive droite de la Coise, comprenant les puits Badoit, Rémy, etc., et les puits foncés dans la propriété de M. Forissier, on peut réduire le rectangle à 80 mètres sur 45 mètres* » (p. 7).

Toute la richesse minérale de Saint-Galmier repose donc

sous une étroite bande de terrain allant de la limite de la masse granitique, qui forme la colline de Saint-Galmier, vers les terrains sédimentaires récents de la plaine du Forez : le champ d'exploitation est circonscrit à une superficie de deux ou trois hectares. En dehors de cet emplacement restreint, en aval et en amont de la Coise, aussi bien que vers la plaine de la rive gauche, on ne rencontre plus l'eau minérale dont les propriétés ont fait la fortune de la localité.

III. — Les eaux de Saint-Galmier jaillissent du granite par des failles, c'est-à-dire par des cassures contenant un remplissage tendre et perméable à travers lesquelles elles se frayent un chemin et peuvent arriver jusqu'à la surface du sol, ainsi que cela se produisait, il y a cinquante ans, pour la Fontfort. Les directions et les inclinaisons de ces failles sont faciles à déterminer et à mesurer : leur inspection permet de se rendre un compte exact des relations qui existent entre les différentes sources. Nous ne pouvons, sur ce point, que nous référer aux rapports des ingénieurs.

La solidarité des sources exploitées au-dessus du gisement restreint de Saint-Galmier n'est pas une vaine hypothèse : les faits ont démontré jusqu'à ce jour la parfaite exactitude de la théorie. Tout travail sur un point quelconque du bassin, tout sondage, tout épuisement d'un puits a eu sa répercussion sur l'ensemble des sources se traduisant soit par une diminution temporaire du débit, soit par une déminéralisation de l'eau et une déperdition d'acide carbonique.

IV. — Ce second résultat, plus nuisible que le premier, s'explique de reste par le jeu des eaux douces en contact avec les eaux minérales. Tandis que celles-ci tendent à remonter à travers les failles, celles-là, s'infiltrant par les mêmes voies, tendent à descendre vers l'intérieur du sol. Tant que la quantité de l'eau douce est peu considérable, la pression qu'elle exerce sur l'eau minérale est plutôt salutaire, parce qu'elle empêche les principes gazeux de s'évaporer, tout en n'arrêtant pas l'élan de la source ascendante. L'eau minérale peut alors être recueillie à une faible profondeur, sans mélange appréciable d'eau douce et dans les conditions les plus favorables. Si, au contraire, la pesée de l'eau douce est trop forte, l'eau minérale est altérée jusqu'à un niveau bien inférieur ; il faut, pour l'obtenir dans un état suffisant de pureté, foncer les puits et descendre de plus en plus bas. Les anciennes sources ne sont plus exploitables à moins de suivre le mouvement continuel de descente ; encore, en les approfondissant, n'est-on jamais assuré d'obtenir des résultats satisfaisants : à leur niveau antérieur de captation, elles ne donnent désormais que de l'eau douce.

Une figure fera mieux saisir ces observations :

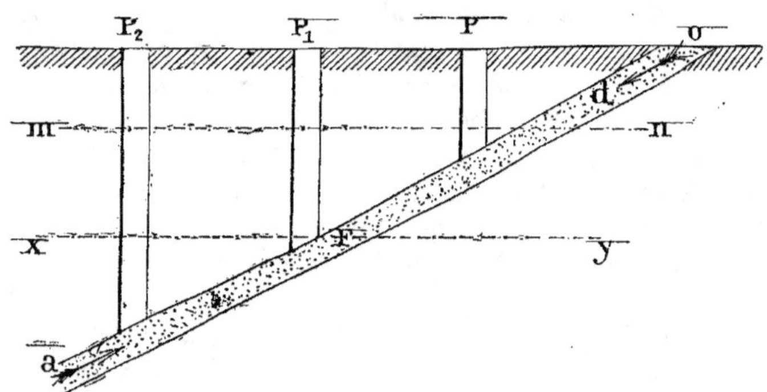

Soit une faille F aboutissant par son extrémité inférieure au gisement ; l'eau minérale remonte dans le sens a : si rien n'arrête son élan, elle peut arriver librement à la surface du sol en o.

Si on creuse un premier puits P, il se remplira d'eau minérale jusqu'à son orifice ; mais si on creuse un deuxième puits P₁ et si on le tient constamment épuisé, le puits P sera mis à sec. En même temps, les eaux douces rencontrant la faille F, qui est perméable, y descendront suivant le sens de la flèche d pour prendre dans le puits P la place de l'eau minérale. Un troisième puits P₂, atteignant la faille à un niveau inférieur, produira sur le puits P₁ les effets que celui-ci avait précédemment produits sur le puits P.

Si le puits P₂ est exploité au niveau xy, les eaux au-dessus de ce niveau étant rejetées à la rivière, le puits P₁ aura un mélange d'eau minérale et d'eau douce et pourra être exploité dans des conditions défectueuses ; le puits P ne contiendra que de l'eau douce. Il convient d'ajouter que les mélanges ne s'opèrent pas à des niveaux mathématiquement exacts, mais peuvent régner sur une hauteur de plusieurs mètres et présenter, suivant les points où on les observe, des degrés d'intensité variables.

Telles sont les conséquences désastreuses d'une exploitation fantaisiste : un industriel a la faculté de ruiner les sources voisines par des épuisements arbitraires pratiqués à une grande profondeur. La réglementation administrative est parfois indispensable pour sauvegarder tous les intérêts. Pour donner satisfaction aux exploitants des trois puits dans l'exemple cité, il suffirait de prescrire que la prise d'eau sera faite dans chacun au niveau uniforme *mn*.

Les funestes effets d'une entreprise particulière s'étendent souvent au delà de la faille où elle est effectuée : à Saint-Galmier notamment, des fissures secondaires du granite recoupent les failles presque à angle droit et les mettent parfois en communication entre elles. Les puits situés sur une faille voisine de celle où sont opérés les épuisements en souffrent indirectement, à un degré moindre, mais sont cependant déminéralisés.

V. — Ces explications préliminaires ne nous ont pas semblé inutiles pour faire comprendre la gravité des travaux exécutés par les consorts Forissier et la situation critique qu'ils ont créée dans le bassin de Saint-Galmier.

M. Forissier père était à la tête de la municipalité de Saint-Galmier, en 1858, lorsque la ville afferma ses sources à la Société Badoit; il se constitua l'ardent promoteur d'une demande de déclaration d'intérêt public. Le projet fut abandonné parce que le traité n'était pas encore régularisé.

Mais, M. Forissier était aussi propriétaire d'un vaste terrain à côté des sources de la commune : en 1864, il combattit la demande d'intérêt public avec autant d'ardeur que, quelques années plus tôt, il en avait mis à la soutenir. En 1880, il fut l'adversaire le plus déterminé d'une nouvelle demande présentée par Mme Desjoyaux : il venait d'entreprendre les travaux de recherches qui aboutirent à la découverte, au captage, et finalement, en 1885, à l'autorisation de la source Romaine n° 1.

Par une sorte de contradiction, ne cherchant pas à récupérer les frais considérables qu'il avait exposés, il ne fit, cette autorisation obtenue, aucun essai d'exploitation. La source Romaine n° 1 abandonnée, envahie par l'eau douce, n'a jamais eu qu'une existence nominale ; elle est demeurée improductive.

En 1894, les héritiers de M. Forissier, nos adversaires, n'ont pas essayé d'exploiter son œuvre, mais ils ont recommencé des fouilles sur le même terrain. Désertant les errements suivis jusqu'alors, sans se préoccuper des conséquences de leurs tentatives, ils ont creusé un puits à 45 mètres de profondeur ; arrivés à ce niveau, ils ont percé des galeries en divers sens, jusqu'à la rencontre d'une première source extrêmement abondante : ils n'ont pas essayé de la capter, sous prétexte qu'elle n'était pas assez minérale ; continuant les épuisements, ils ont trouvé une autre source, la source Sainte-Marie à l'origine, Romaine n° 2 un peu plus tard.

Nous savons qu'elle contient en dissolution une quantité notable de bicarbonate de chaux ou de magnésie, et on affirme que son degré de minéralisation est élevé. Répond-elle par sa composition aux qualités attendues des eaux de Saint-Galmier? Est-elle susceptible d'être livrée à la consommation? Les ingénieurs des mines émettent des doutes sur ce point, et, tant que l'autorisation administrative n'est pas accordée, nous devons faire à cet égard toutes réserves.

VI. — Quoi qu'il en soit, les travaux des adversaires ont causé de graves dommages aux sources existantes.

A la suite d'une instance en référé introduite par la Société des Eaux de Saint-Galmier, le 31 juillet 1895, le tribunal de Saint-Etienne a désigné trois experts : MM. Babu, Rateau et Lebreton, tous les trois professeurs à l'école des Mines de Saint-Etienne, à l'effet de rechercher quelle influence ont eue et sont susceptibles d'avoir sur l'exploitation des anciennes sources la direction et l'exécution des travaux des consorts Forissier. Les experts ont déposé le 13 février 1896 le rapport auquel nous avons déjà fait allusion. Ce rapport conclut en ces termes : « *En résumé, nous avons constaté aux puits Badoit, Rémy, Noël, des diminutions de débit, de hauteurs piézométriques, et surtout une diminution de la minéralisation telles que nous considérons les sources actuelles comme* **gravement compromises.** »

Pour le puits Badoit, le niveau piézométrique qui, jusqu'en mars 1895 avait été « notablement supérieur aux robinets de tirage », avait baissé de 3^{m}50 environ ; il était encore au 19 décembre 1895, après s'être « notablement relevé,... à 1^{m}80 au-dessous des robinets de tirage ». La diminution du débit était de « 30 0/0 » ; quant à la composition chimique « la diminution totale du résidu est de 27 0/0 » (pp. 90 à 72).

Pour la source Rémy, dont les experts n'ont pu observer exactement les hauteurs piézométriques comparées, le débit est descendu de 90 à 36 ou 37 mètres cubes ; le résidu desséché a perdu 10 0/0 de minéralisation (pp. 72 à 74).

Pour les puits Noël n° 3 et n° 5, il s'est produit une baisse piézométrique de 5^m,80 en novembre 1895, et finalement « d'environ 3^m,80 » au commencement de 1896 ; les experts n'ont pas pu contrôler par eux-mêmes la diminution du débit qui leur semble, toutefois, « extrêmement probable » ; le résidu desséché a perdu « environ 30 0/0 » de sa minéralisation (pp. 75 à 77).

Telle est, d'après les constatations impartiales des experts, la dépréciation subie, au cours des travaux des adversaires, par les sources qui fournissent au public les eaux de Saint-Galmier.

VII. — N'y a-t-il pas entre cette dépréciation et ces travaux une relation directe ?

Le mémoire en opposition se refuse à l'admettre ; il allègue que « des circonstances météorologiques ou des mouvements du sous-sol, notamment, peuvent avoir déterminé cette variation ». Aucun phénomène particulier n'a révélé ni ces circonstances, ni ces mouvements. Mais le mode de procéder des adversaires n'explique que trop la cause réelle et non pas hypothétique du dommage.

Dans sa requête, la Société avait formulé deux griefs : 1° l'emploi d'explosifs pour l'ouverture des galeries ; 2° le libre écoulement des eaux rencontrées et leur épuisement systématique.

Les experts apprécient que le changement dans l'état des sources ne doit pas être attribué au tirage des coups de mine : c'est une question à débattre devant le Tribunal de Saint-Étienne.

Mais le second fait était palpable : pendant deux ans, sans chercher à capter la source, les consorts Forissier ont laissé couler à la rivière, par jour, *300 mètres cubes d'eau minéralisée*, soit 300.000 litres par vingt-quatre heures, plus de 100 millions par an, soit sept fois environ le produit total de l'exploitation ! Ils le reconnaissent et nous n'avons pas besoin d'y insister.

Pendant deux ans, ils ont procédé à l'*épuisement systématique* du puits à la profondeur de 45 mètres ; l'action des eaux superficielles, que nous avons précédemment indiquée, s'est produite. Les eaux minérales impuissantes à supporter la pression ont été altérées : « Les puits Noël, le puits Badoit, les premiers voisins des terrains tertiaires, réservoirs naturels des eaux superficielles, et le second, de la Coise, sont les plus fortement atteints ; le puits Rémy, protégé par Badoit qui arrête en partie les eaux superficielles, conserve relativement sa minéralisation ». C'est ce qu'expliquent très nettement les experts (pp. 85 à 90).

VIII. — Jusqu'ici, nous nous sommes bornés à invoquer les résultats de l'expertise ; les études auxquelles se sont livrés MM. les Ingénieurs des mines, n'ont pas abouti à une appréciation plus optimiste de l'état des sources de Saint-Galmier. Ils s'accordent à réprouver les procédés des adversaires et à leur imputer l'entière responsabilité du désastre.

Après avoir constaté que les épuisements systématiques avaient eu pour effet de rompre l'équilibre entre les eaux douces et les eaux minérales, et de produire une déperdition considérable du gaz acide carbonique emmagasiné dans ces dernières, M. l'ingénieur Coste déclare que : « non seulement il y a eu une diminution très considérable du débit des sources, mais, et c'est là ce qu'il y a de plus grave, il y a eu modification de la qualité, par suite d'un afflux des eaux superficielles... Enfin, il y a eu diminution très considérable de la teneur en acide carbonique total, diminution beaucoup plus considérable que celle qui résulte simplement de la dilution de l'eau ancienne dans une certaine quantité d'eau douce ».

M. Coste conclut en ces termes : « *Je suis convaincu qu'il suffirait aujourd'hui d'une ou deux recherches dirigées comme l'a été et l'est encore celle de la source Sainte-Marie pour détruire totalement le gîte des eaux de*

Saint-Galmier ou tout au moins pour altérer, à un tel point, la qualité de ces eaux qu'il ne serait plus possible de les utiliser ».

M. l'ingénieur en chef de Castelnau, après avoir constaté que les eaux rejetées par les épuisements systématiques sont des « *eaux nettement minéralisées* », ajoute : « On le voit donc, on est absolument dans la vérité en admettant que depuis plus d'un an, on jette, ainsi, inutilement à la rivière, de 200 à 300 mètres cubes par jour d'eau minérale. Un pareil gaspillage ne pouvait être inoffensif ; le niveau des eaux douces a naturellement baissé et les sources en exploitation ont subi des altérations de composition et de débit... » Et, plus loin : « *Les eaux de Saint-Galmier ne sont plus, aujourd'hui, ce qu'elles étaient avant l'exécution des travaux de M. Forissier. Je me garde de suspecter ses intentions, mais il faut bien reconnaître qu'il n'aurait pas autrement conduit ses travaux si son seul but avait été de nuire aux sources voisines* ».

Enfin, M. l'inspecteur général Aguillon, qui s'est transporté à Saint-Galmier pour juger sur place la situation des sources et des travaux de MM. Forissier, appuie de sa haute autorité, dans un remarquable rapport, les conclusions des ingénieurs. Il déclare que « les travaux furent poursuivis dans des conditions nouvelles pour le pays, et, on peut le dire, contraires à ce qui est admis et se pratique aujourd'hui dans les districts où l'on exploite des eaux minérales gazeuses ». Il affirme « qu'il était facile de prévoir l'effet qu'auraient de pareils travaux », que leurs conséquences « sur les anciennes sources ne tardèrent pas à se produire et n'ont cessé de s'aggraver ». Il condamne les « épuisements systématiques » qui ont « abaissé le niveau de séparation des eaux minérales montant du fond et des eaux douces venant du jour, en déterminant une perte énorme de gaz : par suite, pour toutes les sources voisines, avec des différences de l'une à l'autre, une diminution considérable de minéralisation et de teneur en gaz en même temps que de débit ». Il cite la source Badoit dont l'extrait sec par litre de 1^{gr},70 à 1^{gr},75 est tombé au-dessous de 1 gramme. Et il ajoute : « *Il ne s'agit plus là, on le voit, du détournement d'une source d'un particulier en faveur d'un autre ; on a atteint ce point où il y a perte pour la généralité, où le gisement hydro-minéral est atteint dans son ensemble* ».

M. Aguillon conclut en ces termes : « Je me suis assez appesanti... sur les dangers qui menacent non pas seulement les intérêts privés de la Société de Saint-Galmier, — j'admettrais qu'on les sacrifiât, — mais le gisement hydro-minéral de cette localité. Quand on voit la prudence méticuleuse des travaux faits dans les bassins d'eaux gazeuses comme ceux de Vichy et de Saint Yorre pour éviter les déperditions de gaz et avec elles les abaissements de niveau et de pression des eaux miné-rales, *on reste confondu de la brutalité, je ne puis employer d'autre expression, des travaux poursuivis par M. Grand'Eury, avec une obstination, contre les avis de tout le monde, qui n'a pas laissé de surprendre. Les « épuisements systématiques », comme on les a appelés, ont été condamnés aussi hautement et par l'autorité judiciaire et par l'Administration de l'Intérieur, dont je rap-pelais ci-dessus, à cet égard, la décision comminatoire du 3 mars 1896. Mais rien jusqu'ici n'a pu les arrêter ni vaincre l'obstination de M. Grand'Eury. On ne peut y arriver que par l'application de la loi de 1856, et seule cette loi permettra d'empêcher à l'avenir immédiatement le renouvellement de tels abus ».*

IX. — A ces accusations si nettes, si concordantes, que répond le Mémoire en opposition?

Il nie, d'abord, la solidarité des sources et, pour combattre l'opi-nion unanime des spécialistes, il invoque, d'une part, l'inégalité de teneur en acide carbonique et la différence de proportion de bicarbo-nate dans les divers puits et, d'autre part, l'inégalité de niveau des prises d'eau.

Le premier argument ne résiste pas à l'examen le plus sommaire : quoique provenant d'un gisement unique, l'eau varie de minéralisa-tion suivant la nature des roches de la faille qu'elle traverse. Elle peut se minéraliser ainsi au contact de roches à base de fer, de chaux, de soude, de magnésie... Quant au gaz acide carbonique les conditions de captage et les causes externes exercent une influence manifeste sur sa conservation.

Le second argument n'est pas plus décisif :

Deux puits d'eau minérale, alimentés par un gisement commun, peuvent rester indépendants l'un de l'autre, bien que situés à quel-ques mètres seulement de distance.

Nous avons examiné ce qui se passe lorsque des puits étaient foncés jusqu'à la rencontre d'une même faille donnant l'eau minérale.

Nous avons vu que le puits plus profond creusé en aval asséchait le moins profond creusé en amont. Mais à Saint-Galmier il n'y a pas une faille unique, on a reconnu l'existence de plusieurs failles superposées ayant à peu près les mêmes directions et des inclinaisons variables et toutes s'alimentant à un réservoir commun qui est le gisement des eaux minérales.

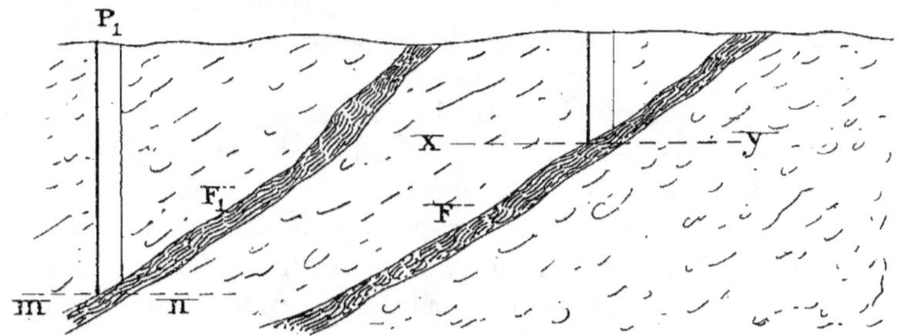

Si l'on suppose deux failles F et F_1 et deux puits P et P_1 creusés jusqu'à ces failles. Aucune cassure verticale ne faisant communiquer les deux failles, il est possible d'épuiser le puits P_1 jusqu'au niveau mn sans que le puits P soit intéressé, le niveau xy étant même de beaucoup supérieur au niveau mn. Mais si le puits P_1 traversant la faille F_1 rejoignait la faille F, le puits P serait certainement atteint dans son débit et sa minéralisation.

Dans le cas qui nous occupe, le puits P_1 représente les sources Romaines 2 et 3 à 45 mètres de profondeur, et le puits P la source Romaine 1 à 30 mètres environ de profondeur.

Le fait constaté par les consorts Forissier (page 3, II du mémoire) n'a rien d'inexplicable, d'illogique et ne détruit pas la théorie précédemment exposée. Comme nous l'avons dit, les failles diverses dont nous parlons ne sont point inventées pour les besoins de la cause, mais elles ont été constatées et relevées.

Au surplus, les exemples cités par les adversaires ne sont pas probants : il suffit de se reporter au texte du rapport des experts pour constater que les sources Romaines n° 2 et n° 3 ne sont pas indépendantes l'une de l'autre. Quant aux puits Badoit, leur fonctionnement simultané en 1883 n'a pas donné de résultats satisfaisants ; ils étaient, d'ailleurs, exploités au même niveau : on ne saurait donc en rien induire. Quant au puits Rémy, s'il a moins souffert que le puits Badoit, c'est, comme l'expliquent les experts et les ingénieurs, parce que celui-ci, lui servant de rempart, l'a protégé contre l'invasion des eaux douces de la surface.

Ces objections n'infirment pas la théorie de la solidarité des sources confirmée par une expérience constante.

X. — A l'autorité des trois ingénieurs experts et des ingénieurs des mines, on oppose celle de M. Grand'Eury, ancien élève et professeur de l'École secondaire des mines de Saint-Étienne, chevalier de la Légion d'honneur, auteur d'un ouvrage sur la flore houillère.

Nous voulons croire le mérite de M. Grand'Eury à la hauteur des éloges que lui décernent les adversaires ; mais, sans diminuer sa valeur, que nous ne connaissons pas, nous hésitons à penser que sa personnalité ait pu porter ombrage à M. l'ingénieur Coste, à M. l'ingénieur en chef de Castelnau et enfin à M. l'inspecteur général Aguillon... Quelles que puissent être « la valeur technique et la compétence indiscutable » de M. Grand'Eury, il ne saurait être question de « froissements d'amour-propre » entre M. Aguillon et lui.

Ce ne sont pas seulement « MM. les ingénieurs de l'État » susnommés, mais ses propres collègues, MM. Babu, Rateau et Lebreton, qui se sont montrés justement sévères envers M. Grand'Eury. Novateur dangereux, il n'a pas fait de prosélytes, pas même son successeur.

Les numéros VI *bis* et VII du mémoire, consacrés à la justification de son œuvre, appellent quelques courtes observations.

Nous contestons absolument que tout ingénieur ait le droit de conduire ses travaux sans se préoccuper des atteintes portées à la propriété voisine et aux droits acquis ; ceux de M. Grand'Eury ont été mal conçus et mal exécutés, puisqu'ils ont duré plus de trois ans sans avoir encore abouti, qu'ils ont dû être refaits par deux fois et n'ont pas été exempts d'accidents, même de mort d'homme.

En ce qui concerne le rejet des eaux à la rivière, il est absolument inoffensif et légitime lorsqu'il s'agit d'eaux douces : celles que la Société de Saint-Galmier rejette ainsi chaque jour sont de cette nature. Elles proviennent : pour la source Badoit, du puits abandonné du Tonkin qui ne reçoit plus d'eau minérale ; pour les sources Noël, d'une galerie souterraine. Ces eaux douces servent au rinçage des bouteilles.

Tout autre chose est gaspiller volontairement par jour 300 mètres cubes d'eaux « *nettement minérales* », dont le rapport de l'Ingénieur en chef indique la composition. Quant à l'utilité de ces épuisements systématiques, les rapports démontrent qu'elle n'a jamais existé. Quant à leur durée, il suffira de faire observer que le fonçage et l'aménagement du puits Noël n° 5, le plus important de Saint-Galmier, ont été terminés en sept mois, tandis que trois années n'ont pas suffi à MM. Forissier.

En ce qui concerne le préjudice causé au bassin, nous n'avons rien à ajouter à ce qui précède, sinon que l'assertion relative à l'influence de l'approfondissement du puits Noël sur la source Rémy est absolument inexacte : les experts ont constaté la déminéralisation entre le 20 mai 1895 et le 9 janvier 1896, tandis que les travaux incriminés n'ont eu lieu qu'en fin de décembre 1896.

Le mémoire conteste que le débit et la minéralisation des eaux du bassin aient été affectés :

Sur le débit, les adversaires observent que le chiffre des bouteilles vendues n'a pas baissé en 1895. — Sans doute ; mais, d'une part, il a été fourni en partie à l'aide du stock et, surtout, il est sans aucun rapport avec le rendement des sources : il ne faut pas confondre le débit des sources, qui pourrait être de 80 à 100 millions de bouteilles, avec le débit commercial qui ne dépasse guère 15 millions.

Sur la minéralisation, le mémoire est muet en ce qui concerne les sources existantes, mais il assure que la source Romaine n° 2 suffirait à les supplanter. Il n'en résulterait pas que les travaux des consorts Forissier aient été inoffensifs pour les voisins ; au surplus, la qualité de leurs produits à venir n'est nullement certaine.

Les paragraphes VIII à X sont consacrés à expliquer que, par suite du remplacement de M. Grand'Eury par M. Saignol, les épuisements systématiques auraient été réduits à 100 mètres cubes par vingt-quatre heures. — Nous ne pouvons que nous en féliciter et nous avons cru, en effet, constater une légère amélioration dans nos sources. Mais, il faut reconnaître qu'en l'absence de toute exploitation, une déperdition quotidienne de 100.000 litres d'eau minéralisée, plus de deux fois la consommation totale, n'est nullement négligeable !

XI. — En résumé, le mémoire en opposition n'infirme aucune des constatations des experts et des ingénieurs : le débit et la minéralisation des sources sont gravement compromis ; peut-être ne recouvrera-t-on jamais la quantité et la qualité dans les conditions antérieures aux travaux des consorts Forissier.

XII. — En présence de cette situation périlleuse, les exposants se sont adressés à l'Administration.

Dès la fin de 1894, M. Douvreleur, au nom de la Société Badoit, signalait au maire de Saint-Galmier les dangers que couraient les sources.

Le 7 février 1895, la Société Badoit dénonçait lesdits travaux à M. le Préfet et le priait d'intervenir administrativement pour les règlementer. M. le Préfet saisit de la question le service des mines. M. Coste, ingénieur ordinaire des mines, et M. de Castelnau, ingénieur en chef, adressèrent des rapports à M. le Ministre de l'Intérieur.

Par lettre du 10 mai 1895, M. le maire de Saint-Galmier a donné connaissance à la Société de la réponse du Ministre. Il y est dit, après constatation de l'influence fâcheuse des travaux incriminés : « *L'admi-* » *nistration ne pourrait intervenir et imposer des mesures de protection que si* » *les sources exploitées par ladite Société ou si la source Forissier étaient dé-* » *clarées d'intérêt public, or elles sont tout simplement autorisées. Si les plai-* » *gnants veulent s'assurer la protection et poursuivre l'obtention des droits et* » *privilèges qui s'attachent à la déclaration d'intérêt public et à l'attribution* » *d'un périmètre de protection, ils ont à formuler une demande, dans les* » *termes indiqués par le décret du 8 septembre 1856, qui subira les forma-* » *lités prescrites par ce décret pour les demandes de ce genre* ».

XII. — Notre ligne de conduite était toute tracée : dès lors que l'Administration ne pouvait pas protéger les sources contre les entreprises les plus hardies, il ne nous restait plus qu'à solliciter la déclaration d'intérêt public.

Les pièces jointes au dossier témoignent que toutes les formalités prescrites par la loi du 14 juillet 1856 et le décret réglementaire de la même année (publications, enquêtes, analyses et jaugeages des sources, avis administratifs) ont été observées.

XIV. — Au début, nous nous sommes heurtés à l'opposition du Conseil municipal de Saint-Galmier; elle procédait, croyons-nous, de deux causes : d'une part, depuis quelque temps déjà, la Société était en désaccord avec la commune sur le taux de la redevance et le Conseil municipal exigeait que, suivant sa prétention, il fût, avant tout, porté à 10.000 francs par an; d'autre part, l'étendue du préjudice causé au gisement par les travaux des consorts Forissier n'apparaissait pas encore manifestement.

Comme conséquence de cette hostilité de la municipalité et de la lutte très vive engagée contre la Compagnie, un grand nombre d'habitants protestèrent à l'enquête contre la demande de déclaration d'intérêt public.

Dans cette situation, la commune propriétaire de plusieurs des sources refusant de s'associer à la demande, la commission nommée par le Préfet ne crut pas pouvoir donner un avis favorable. Mais, dans sa pensée, clairement développée plus tard par l'un de ses membres, M. l'ingénieur en chef de Castelnau, la solution devait être tout autre si l'opposition de la commune disparaissait.

MM. les Ingénieurs des mines ont été tellement frappés du péril imminent qui menaçait l'existence même des sources que, sans se dissimuler, au point de vue juridique, la valeur de l'objection tirée du défaut de demande par le propriétaire, ils ont conclu à la nécessité immédiate de la déclaration d'intérêt public, dût-elle être restreinte aux sources Rémy et Noël 3 et 5, à l'exclusion de la source Badoit.

Le Comité d'hygiène, préoccupé de l'objection juridique, réclamait une entente entre la commune et la municipalité.

Le Préfet de la Loire, estimant que la municipalité faisait acte « de mauvaise administration » et qu'en se prolongeant la situation « aurait très probablement pour effet d'amener la commune de Saint-

» Galmier à une entente désirable », demandait qu'on avisât « aux
» dangers » qui menaçaient l'intérêt communal « par suite de rivalités
» locales et de l'obstination blâmable de l'Assemblée municipale. »

Cette entente s'est produite : après de longs pourparlers, la commune et la Compagnie se sont mises d'accord sur un traité par lequel
la propriété des sources passe à la Compagnie moyennant une redevance perpétuelle fort élevée.

Le traité a été signé le 17 décembre 1896; il a été complété le
19 février 1897 par des clauses additionnelles. Il a été soumis, ainsi
que ces clauses, d'une part, au Conseil municipal, d'autre part, à
l'Assemblée générale des actionnaires et a reçu une adhésion unanime.
Une nouvelle enquête a été ouverte, elle s'est prolongée pendant
quinze jours, dont trois dimanches, et l'hostilité antérieure d'une partie de la population ne s'est pas de nouveau manifestée; à peine trois
protestataires, dont M. Forissier, ont-ils cru devoir critiquer le projet.
Le commissaire enquêteur a donné un avis favorable.

Enfin, le traité a été approuvé le 24 mars 1897 par M. le préfet
de la Loire (production n° 1).

Désormais, par suite de l'accord du propriétaire et du fermier, la
seule objection soulevée à l'origine n'existe plus.

XV. — Nous croyons avoir surabondamment démontré la nécessité
de la mesure sollicitée. Sans elle, la richesse minérale de Saint-Galmier
serait à la merci de quiconque, consciemment ou inconsciemment,
s'aventurerait à y porter atteinte.

Les objections présentées par les adversaires contre la déclaration
d'intérêt public ne sauraient nous arrêter longtemps.

Ils reprennent, d'abord, en les commentant, les motifs contenus
dans la délibération du Conseil municipal du 24 novembre 1895. Nous
laissons à la commune, qui intervient au débat, le soin d'exposer les
raisons qui ont modifié son changement d'attitude.

On invoque l'intérêt des ouvriers et des négociants. Mais on oublie
qu'il est intimement lié à la prospérité des sources; que le fonds étant
détruit, toute la population, qui en vit, serait dans la détresse.
MM. Forissier allèguent sans doute qu'à elle seule la source Romaine
remplacerait avantageusement toutes les autres : ils ne remarquent

pas qu'ils revendiquent pour eux-mêmes le monopole qu'ils nous accusent d'ambitionner. Il y aurait, d'ailleurs, naïveté à croire que la Compagnie subirait sa ruine sans user de représailles.

On invoque l'intérêt des propriétaires fonciers : en quoi sont-ils lésés puisque les entraves qui les gêneraient dans l'exercice de leurs droits ne pourraient dans aucun cas exister, de l'aveu même des adversaires, que si un périmètre de protection était fixé? L'objection ne pourrait être produite que si, dans la suite, la fixation d'un périmètre était réclamée.

Nous accusant d'avoir acheté le consentement de la commune, le mémoire prétend que non seulement la Société avait offert 1.000 francs par million de bouteilles vendues, mais avait « de plus », *consenti* à proroger de vingt ans le bail de 1858. « Consenti » n'est évidemment pas le mot propre : en échange de l'augmentation du taux de la redevance, la Société *exigeait* une prolongation de bail de vingt ans.

En vain, pour faire ressortir les bienfaits du régime de liberté, qui a permis aux consorts Forissier de compromettre l'existence du gisement minéral, le mémoire vante la progression constante de la vente des eaux depuis quarante ans. Il est manifeste que, même avec un monopole, la vente eût suivi la même marche ascendante : au risque d'émettre un truisme, nous dirons que l'affluence des acheteurs seule fait marcher le négoce. L'augmentation du débit, non pas des sources, mais des bouteilles vendues, est le résultat et de la publicité et de la facilité des moyens de transport.

Quant aux prix de vente, il faut bien rendre cette justice à la Compagnie que, n'ayant à redouter aucune concurrence commerciale sérieuse, elle les a réduits d'elle-même jusqu'à l'extrême limite : sur 15 millions de bouteilles écoulées annuellement, elle recueille un revenu net de 300.000 francs; son gain est de *deux centimes* par bouteille.

Le mémoire (§ XVII) nous attribue deux affirmations que nous maintenons de plus fort : les sources ont été mises en péril par les travaux des consorts Forissier et la déclaration d'intérêt public n'aura d'autre effet que de prévenir et de réprimer les abus.

Par suite d'une erreur matérielle, il nous attribue également, au sujet des finances de la commune, une articulation qui, émanant de la Compagnie serait étrange, mais qui perd toute signification et devient toute naturelle, dès lors qu'elle émane de la municipalité.

XVI. — Nous avons terminé en ce qui touche l'opportunité, la nécessité de la déclaration d'intérêt public. A cet égard, aucun doute ne nous semble possible.

Il nous reste à établir que la loi du 14 juillet 1856 est applicable aux sources de Saint-Galmier.

LÉGALITÉ DE LA DECLARATION D'INTÉRÊT PUBLIC

XVII. — Comme préambule à la discussion du point de droit, les adversaires ont soulevé quatre fins de non-recevoir ainsi formulées :

1° Déclaration non demandée par le propriétaire de la source ;
2° Déclaration d'intérêt public mise à prix ;
3° Nécessité d'une nouvelle enquête ;
4° Inexistence en droit des sources qui sollicitent la déclaration d'intérêt public.

La réponse aux développements contenus dans les numéros XXI à XXXIII du mémoire en opposition se trouvera fort abrégée de ce que deux au moins de ces fins de non-recevoir, la première et la troisième, n'ont plus de raison d'être.

XVIII. — La première qui ne concernait, du reste, que les sources de la Ville, Badoit et André, était tirée de ce que *la commune, propriétaire de ces sources, ne s'était pas jointe à la Société fermière pour solliciter la déclaration.*

Nous n'entreprendrons pas de démontrer que l'abstention du propriétaire n'est pas un obstacle insurmontable à la reconnaissance d'intérêt public : cette démonstration serait désormais oiseuse, l'objection manquant absolument en fait.

A l'origine, il est vrai, la commune subordonnant son concours à des conditions que la Société n'acceptait pas, la demande a été introduite par les exposants seuls. A ce moment, il était permis de discuter si, malgré l'opposition de la ville, la source Badoit pouvait bénéficier de la déclaration d'intérêt public ou si, comme le proposait

M. l'inspecteur général Aguillon, les autres sources seules devaient en profiter. Pratiquement, cette dernière solution eût conduit à peu près au même résultat, puisque, les sources étant solidaires, toute entreprise contre le puits Badoit eût dû être interdite comme nuisible au puits Rémy ou aux puits Noël.

Lorsque le mémoire en opposition a été rédigé, la question ne se posait déjà plus : l'accord entre la commune et la Société, consacré par le traité des 15-17 décembre 1896 (visé par ce mémoire), avait supprimé la difficulté. La commune s'engageant à « demander de suite » la déclaration d'intérêt public et à faire « toutes démarches utiles » pour hâter cette mesure, on ne pouvait plus sérieusement objecter le défaut de consentement du propriétaire.

Aussi, malgré l'intitulé trop absolu de cette première fin de non-recevoir, le mémoire se bornait-il à contester que le traité, faute d'avoir été encore revêtu des approbations des actionnaires d'une part et de l'Administration préfectorale de l'autre, eût un caractère définitif.

L'approbation des actionnaires, nous avions quelque raison d'en être assurés : pour conjurer la destruction imminente des sources, ils devaient être disposés à consentir tous les sacrifices admissibles.

Celle de l'Administration ne nous paraissait pas non plus douteuse : les avantages accordés à la ville de Saint-Galmier étaient trop palpables pour être refusés. Il ne s'est jamais agi, nous n'avons pas besoin de l'établir, de la vente d'une portion quelconque du « Domaine public communal ». Il fallait une grande subtilité d'imagination pour considérer comme « aléatoire et peut-être désastreux pour la commune » un contrat qui lui assure 8 0/0 sur les bénéfices avec un mininum de 8.000 francs en rente perpétuelle. Il fallait un profond souci des moindres détails pour s'attacher, en présence d'une redevance si notable, à la remise de droits de voirie insignifiants, et à prévoir le trouble que les travaux d'entretien pourraient faire subir à la circulation. Enfin, les adversaires envisageaient même le cas où la déclaration d'intérêt public étant accordée, le Préfet s'obstinerait à refuser pour la commune les avantages pécuniaires correspondants.

Aucune de ces prévisions pessimistes ne s'est réalisée : les actionnaires et le préfet ont successivement approuvé le traité. On y a même sur notre proposition, introduit quelques modifications de détail qui lèveront, nous avons lieu de l'espérer, les derniers scrupules juridiques des opposants.

XIX. — L'étiquette de la deuxième fin de non-recevoir : « *Déclaration d'intérêt public mise à prix* » pourrait donner à penser qu'il s'agit de quelque révélation sensationnelle d'actes de corruption. Il n'en est pourtant rien : on ne songe pas à accuser la Société d'avoir acheté les votes de certains conseillers municipaux; on lui reproche d'avoir acheté une concession (il serait plus exact de dire une propriété foncière) de la commune et on reproche aux représentants de la commune, en dehors de toute préoccupation personnelle, d'avoir vendu très cher, « *à un prix qui dépasse toute mesure* », dans un intérêt communal, le bien dont ils avaient la gestion. Il est vrai qu'à la page précédente le mémoire leur reprochait d'avoir consenti un marché désastreux !

Que la Ville ait fait un faux calcul, en échangeant contre une forte redevance, consolidée à perpétuité, la chance de découvrir dans une partie de son fonds des trésors problématiques; que la Société ait, au contraire, acheté les sources trop cher, dans un cas comme dans l'autre, le contrat a été absolument licite.

Sans doute, c'est un adage que les permissions de police sont gratuites par essence, ce qui n'empêche pas, d'ailleurs, les permissionnaires d'être assujétis, en vertu de lois incontestables, à payer la rançon de leur privilège; et le mémoire méconnaît la réalité des choses en affirmant que « les concessions de chemins de fer », par exemple, sont accordées sans aucune arrière-pensée de lucre par l'État, les départements ou les communes. Malgré ce principe de gratuité, on admet que les conseils municipaux peuvent greffer des contrats à titre onéreux sur les autorisations de police délivrées par les maires en leur qualité d'agents du pouvoir et les villes tirent couramment de cette source leurs meilleurs revenus. A plus forte raison, un conseil municipal peut-il faire payer le concours de la commune pour obtenir du pouvoir central une autorisation profitable, d'ailleurs, à la commune.

Mais ce n'est même pas dans ces termes que se pose ici la question : un fermier de biens communaux menacé dans sa jouissance sollicite l'intervention de la commune pour obtenir la protection de l'Etat contre des entreprises dommageables; la commune refuse d'intervenir sous prétexte qu'elle n'y est pas tenue par ses obligations de garante. Le fermier propose alors d'acquérir la propriété, mais à la condition *sine qua non* que cette protection de l'État lui sera assurée contre les tentatives de destruction de la chose vendue; et, en considération de cette sûreté, il consent à payer une redevance bien plus élevée que l'ancien fermage. En quoi l'offre et son acceptation sont-elles répréhensibles? Il est légitime que la Société acquière, moyennant une augmentation de prix, la stabilité qui manquait à son entreprise. Il est naturel que les représentants de la commune ne se déterminent à entreprendre une démarche facultative que si la commune y est directement intéressée. En refusant d'acheter sans la déclaration d'intérêt public et en s'efforçant d'obtenir cette déclaration pour réaliser la vente, la Société et le Conseil municipal sont l'un et l'autre dans leur rôle.

XX. — La troisième fin de non-recevoir : « *Nécessité d'une nouvelle enquête* » est désormais sans objet.

Les adversaires affirmaient la nécessité d'une consultation nouvelle de la population si la commune devenait demanderesse de la déclaration d'intérêt public. Une nouvelle enquête a été ouverte à la mairie de Saint-Galmier du dimanche matin 21 février au dimanche soir 7 mars. Le *desideratum* des adversaires est donc réalisé et on ne peut assurément nous reprocher aucune incorrection de procédure.

Le résultat de cette nouvelle enquête, qui devait provoquer le déchaînement des oppositions, a d'ailleurs été tout autre que ne l'attendaient les consorts Forissier.

XXI. — Reste la quatrième fin de non-recevoir : « *Inexistence en droit des sources qui sollicitent la déclaration d'intérêt public* ».

Le mémoire en opposition, détachant certaines phrases du rapport de l'ingénieur des mines, conclut, de ce que des travaux auraient été exécutés sans l'autorisation expresse de l'Administration, que les sources sont inexistantes en droit.

Il omet d'indiquer, ce qui est essentiel, que chacune des sources a été, au début de son exploitation, l'objet d'une autorisation régulière.

Pour répondre à l'objection tirée des travaux ultérieurs, il convient de préciser en quoi ces travaux ont consisté :

La *source Rémy*, autorisée en 1866, a été amodiée en 1890 (et non en 1870). Depuis l'autorisation, M. Rémy n'a pas eu à exécuter de travaux de découverte puisque la source était trouvée, mais bien des travaux de poursuite, c'est-à-dire, une sorte de curage de la faille pour permettre à l'eau de jaillir plus facilement. En 1884, il atteignit un griffon sérieux qui intéressa le puits Badoit où l'embouteillage fut momentanément arrêté. M. Rémy cessant ses épuisements, les niveaux se rétablirent dans les deux puits voisins Badoit et Rémy (nouvelle preuve de la solidarité des diverses émergences).

En 1890, l'Établissement de Saint-Galmier afferma la source Rémy et fit dresser un état des lieux qui prouve que rien n'a été changé à la source aménagée, en 1884, à $21^m,90$ de profondeur. Elle n'est autre que la source autorisée en 1866, mais captée à 10 mètres plus bas. Comme le dit l'ingénieur en chef dans son rapport, « *l'installation de l'embouteillage* fut complètement modifiée par la Société Badoit... mais rien de ce qui pouvait intéresser le régime de la source n'a été changé ». La source Rémy actuellement *exploitée* est donc bien la même que celle qui a été *autorisée*.

Quant à l'influence sur le puits Rémy des travaux faits en 1897 au puits Noël 3, elle a été reconnue et expliquée. Dès la fin de ces travaux, le puits Rémy est revenu à l'état où l'ont laissé les épuisements Forissier.

Puits Badoit n° 2. — En 1880, la Société Badoit exécuta des travaux sur le griffon même de la source Badoit et capta la source dans un puits qui reçut le nom de Puits Badoit n° 2. A ce moment, malgré les réclamations de concurrents intéressés, M. l'ingénieur des mines Meurgey conclut dans un rapport qu'il n'y avait pas lieu de donner aux puits une *désignation spéciale*, puisqu'ils sont sur le *même griffon que la source Badoit* et ne font qu'une *seule et même source*. C'est pourquoi la Société s'est empressée de reconnaître à la commune la propriété des puits Badoit n° 2. (Voir délibération du Conseil municipal du 3 septembre 1880.) La Société demanda l'autorisation pour les sources captées en 1880, et la commune se joignit à cette demande (délibération du Conseil municipal du 3 avril 1881).

Depuis 1880, les puits Badoit n° 2 n'ont subi que les modifications peu importantes suivantes :

1° En 1884, les robinets de tirage ont été abaissés de 2 mètres, sans que rien ait été changé au puits;

2° En 1895, du 15 mars au 20 avril, on a approfondi le puits de 5 mètres pour prendre à la faille même l'eau que l'on n'avait que par des fissures secondaires. Ces travaux, faits sous la surveillance des ingénieurs des mines, ont fait l'objet d'une demande d'approbation.

De ces faits simplement exposés il résulte que la source Badoit actuelle est bien la même que celle autorisée en 1848. Les atteintes que lui ont portées les épuisements Forissier seront atténuées, nous en avons la conviction, lorsque grâce, à la déclaration d'intérêt public, le service des mines pourra réglementer l'exploitation des sources de Saint-Galmier.

Puits Noël. — Les modifications que les puits Noël 3 et 5 ont subies depuis leurs autorisations sont les suivantes :

Les puits Noël 3 et 5 avaient été creusés dans le but de rechercher deux failles distinctes qui amenaient l'eau minérale et dont on connaissait les directions et les inclinaisons. On rencontra d'abord à 27 mètres au puits Noël 3 et à 43 mètres au puits Noël 5 des fissures verticales dont nous avons signalé l'existence et le rôle. Ces cassures secondaires donnèrent de l'eau minérale qui fut immédiatement captée et les deux puits furent autorisés.

Ayant besoin d'un volume d'eau plus considérable, MM. Richarme approfondirent les puits Noël 3 et 5 de manière à les amener en contact avec les failles qui ne leur donnaient l'eau que par des fissures très minces. Ce résultat fut acquis au puits Noël 5 au moyen d'un trou de sonde de 12 mètres de profondeur; au puits Noël 3 par deux approfondissements successifs, qui portèrent la profondeur du puits à 39^m,60. Nous devons ajouter qu'au puits n° 3 on a rencontré la faille au point mathématique que lui assignait la théorie.

On le voit encore : l'eau actuellement exploitée dans les puits Noël est bien la même que celle qui alimentait les sources Noël 3 et 5 régulièrement autorisées.

Toutes les sources : Badoit, Rémy, Noël 3 et 5 ont, d'ailleurs, une existence individuelle établie par la constante exploitation de ces sources. Leur nature et leur mode de captage sont restés les mêmes, les modifications n'ont porté que sur le mode d'exploitation. D'autre part, que demande-t-on à ces sources ? Un titre constatant leur valeur, leurs qualités, leur utilité, attestant le bon aménagement de l'exploitation. Mais l'enquête à laquelle s'est livré le service des Mines, en vue de leur déclaration d'intérêt public, répond à tout ; et elle est autrement minutieuse, nous pouvons le dire, que celle qui accompagne la simple autorisation d'une source.

Or, qui prouve le plus, prouve le moins. Si les ingénieurs des mines et les hygiénistes jugent les sources de Saint-Galmier dignes de la déclaration d'intérêt public, à plus forte raison ils leur donnent le droit à une *existence légale*.

C'est, d'ailleurs, l'avis exprimé dans son rapport par M. l'inspecteur général Aguillon qui, mieux que personne, est au courant des formalités administratives.

XXII. — Avant d'aborder l'examen de la loi du 14 juillet 1856, qu'il s'agit d'appliquer, le Mémoire en opposition consacre ses n°s XXXIII et XXXIV à établir que ni l'article 552, ni l'article 643 du Code civil ne mettent obstacle au droit du propriétaire de creuser un puits dans son fonds.

Ce n'est point devant le Conseil d'État, mais bien devant le Tribunal de Saint-Etienne, où nous plaidons en ce moment sur notre action en dommages-intérêts, que les adversaires auraient dû présenter cette thèse. Elle n'y sera pas, croyons-nous, accueillie, au moins sous la forme absolue où elle est présentée. Quoi qu'il en soit, le Mémoire veut bien reconnaître le principe d'une indemnité lorsque les fouilles ont eu pour objet unique de causer un préjudice aux sources voisines. Tel aurait été le cas, en 1856, de la Société André « qui, après avoir creusé un puits à 3 mètres du puits Badoit et avoir trouvé et capté une source, avait adapté une pompe à son puits, uniquement pour déverser et perdre l'eau dans la rivière la Coise ».

Les constatations des experts Babu, Rateau et Lebreton, et celles des Ingénieurs, prouvent que l'histoire se recommence souvent et aussi qu'en se reproduisant les événements s'aggravent. La Société André avait au moins pour excuse qu'elle tendait à exploiter sa source : aux sources Romaines n° 1 et n° 2, en 1884 comme en 1894, toute l'exploitation n'a jamais consisté qu'en la déperdition systématique de l'eau minérale. Tel paraît être l'objectif final ; telle est encore, jusqu'ici, la seule destination des travaux des adversaires. L'expérience démontre, d'ailleurs, que ce mode d'exploitation, lorsqu'il aboutit à un rachat, peut devenir plus lucratif que la vente normale de l'eau embouteillée !

Le Mémoire allègue que « la Compagnie Badoit est certaine d'obtenir un arrêt mettant fin, par une condamnation à une somme fixe pour le préjudice causé et par une condamnation éventuelle par chaque contravention constatée » au trouble dont elle se plaint ; et il s'étonne qu'avec la perspective assurée d'une série de procès futurs, la Société n'ait pas jugé superflu de s'adresser à l'Administration.

Cet étonnement a lieu de nous surprendre : nous avons demandé au Tribunal de Saint-Étienne la réparation du dommage déjà souffert et nous avons pleine confiance de l'obtenir ; nous nous sommes adressés à l'Administration pour prévenir le dommage futur : la réparation civile, même lorsqu'elle est satisfaisante, a toujours le tort d'être tardive et, en matière industrielle, le retard est presque toujours la ruine. La crainte des lenteurs de la procédure peut conduire à des transactions onéreuses ; la Société estime préférable pour elle d'aliéner en partie son indépendance pour se prémunir contre de semblables éventualités.

Quoi qu'il en soit, nous n'avons pas, devant les sections administratives du Conseil d'État, à disserter sur les règles du droit civil puisque notre demande a précisément pour objet d'y déroger par l'adoption des règles administratives.

XXIII. — Les numéros XXXV et XXXVI du mémoire ne sont pas encore consacrés à l'interprétation de la loi de 1856. Avant même d'examiner si ses dispositions sont applicables aux sources de Saint-Galmier, les adversaires s'efforcent de la discréditer en la représentant comme oppressive et vexatoire.

Le Conseil d'État connaît trop bien la portée de la loi de 1856, pour que nous ayons besoin de démontrer qu'elle n'a pas, comme « on l'a dit aux habitants de Saint-Galmier » au cours d'une « campagne très vive », pour conséquence de supprimer l'exercice du droit de propriété ou même de le paralyser arbitrairement. Les adversaires n'ignorent pas, sans doute, que seuls les travaux de nature à compromettre la richesse minérale, peuvent être interdits et que l'Administration ne saurait, sans que ses décisions fussent susceptibles d'être annulées pour excès de pouvoirs, mettre obstacle à l'initiative des particuliers dans le but exclusif de favoriser des sources déclarées d'intérêt public. Est-il besoin d'ajouter que la jurisprudence accorde cette sauvegarde aux terrains compris dans l'intérieur même d'un périmètre de protection ? Au surplus, si l'arbitraire est à redouter lorsque, s'agissant de la défense de sources appartenant à l'État, l'Administration est à la fois juge et partie, l'impartialité des ingénieurs est au-dessus de tout soupçon pour régler les rapports des particuliers entre eux.

Les adversaires consentent, d'ailleurs, à reconnaître que les périls qu'ils dénoncent ne sont pas à redouter tant qu'un périmètre de protection n'aura pas été fixé. Par une étrange anomalie, ils nous reprochent de réclamer une simple déclaration d'intérêt public et nous prêtent des arrière-pensées que nous n'avons pas. Nul ne peut prévoir si dans l'avenir il ne sera pas nécessaire de tracer un périmètre. Quant à présent, la Société estime qu'il lui suffit de l'arbitrage de l'Administration pour se garantir non pas contre une concurrence loyale, mais contre des entreprises funestes à la conservation du gisement. La faculté qu'elle laisse elle-même à la commune venderesse de faire des recherches au delà d'un rayon de 500 mètres montre, mieux que tous les raisonnements, le but qu'elle entend poursuivre.

XXIV. — Après cette digression, le mémoire aborde enfin le point de droit : « Pour pouvoir, dit-il, invoquer la loi de 1856, les eaux de

Saint-Galmier, celles des sources communales et celles des sources particulières, doivent établir avant tout qu'elles sont médicinales et curatives et fournir les justifications de l'article 2 du décret de 1856 ».

Invoquant les travaux préparatoires de la loi du 14 juillet 1856, les adversaires soutiennent que la déclaration d'intérêt public doit être réservée aux établissements d'eaux minérales « qui se recommandent d'une manière toute particulière par l'étendue des services qu'ils sont en état de rendre à la santé publique » et que les sujétions que cette déclaration risque d'imposer doivent être compensées par l'argent que les eaux minérales attirent et font répandre dans le pays.

Quant à nous, nous ne refusons pas d'admettre, pourvu qu'elles soient entendues dans un sens raisonnable, l'exactitude de ces deux propositions.

L'article premier de la loi de 1856 dispose que : « Les sources d'eaux minérales peuvent être déclarées d'intérêt public ». Il les admet toutes et n'en exclut aucune. Nous en tenant à la lettre du texte, nous serions fondés à prétendre que la source la plus inoffensive et la plus insignifiante est susceptible d'être protégée, aussi bien que la plus efficace et la plus importante. En réalité, le législateur s'en est remis à la prudence du Gouvernement pour discerner celles qui méritent sa sollicitude; il n'a fait aucune catégorie ne voulant pas entraver par un obstacle légal l'application des mesures commandées par les circonstances dans chaque cas particulier. Toutefois, pour bien marquer qu'il ne s'agissait pas seulement des sources dont la conservation est nécessaire à la santé publique, mais aussi de celles qu'il est intéressant de préserver de la destruction, la Commission du Corps législatif a réclamé la modification de l'intitulé primitif du titre Ier « *de la déclaration d'utilité publique* », en celui moins absolu : « *de la déclaration d'intérêt public...* » Cette nouvelle rédaction, qui est passée dans la loi, montre mieux qu'une phrase détachée des travaux préparatoires quelle pensée dominante a inspiré le législateur.

Sans doute, il y a intérêt à protéger les sources ayant un effet curatif sur les maladies : pour celles-ci, l'expression « utilité publique » n'eût pas été exagérée; mais il y a aussi intérêt à défendre celles qui, sans être un médicament destiné à rendre la santé aux malades, contribuent à la conserver aux gens bien portants : l'hygiène préventive n'intéresse pas moins le public que la médecine thérapeutique ; le préservatif est encore le meilleur des remèdes.

XXV. — Les spécialistes les plus éminents qui ont étudié les eaux minérales s'accordent tous à reconnaître que leur distinction en eaux médicinales et en eaux de table ne repose sur aucune donnée scientifique. La question a été surtout agitée, dans ces derniers temps, au sujet de la perception des taxes d'octroi. Dans une consultation, en date du 1er décembre 1895, M. le docteur Augagneur, professeur à la Faculté de médecine de Lyon, déclare que : « Toutes les eaux minérales ont des effets thérapeutiques d'énergie variable évidemment, mais dont la faiblesse, dans certains cas, est proportionnée aux effets à rechercher » (production n° 2).

Dans un rapport en date du 20 juin 1896, MM. les professeurs Adrien Proust, Gabriel Pouchet et Alfred Riche, commis par le Tribunal d'Yvetot à l'effet de classer en deux catégories, d'une part, « les eaux minérales purement médicamenteuses... d'un usage exclusivement médicinal » ; de l'autre, « les eaux minérales gazeuses... pouvant... être considérées plutôt comme hygiéniques que médicinales », s'expriment en ces termes : « Une pareille classification est absolument irréalisable et se trouverait, de quelque manière qu'elle fût présentée, en complet désaccord avec les données de la science. Il faut, en effet, négliger tout à fait le rôle thérapeutique des eaux minérales naturelles pour songer à instituer cette classification qui, même dans ce cas, ne reposerait pas sur des données invariables et inattaquables et prêterait encore aux critiques les plus justifiées ».

Après avoir démontré que ni la richesse en sels minéraux, ni la présence de certains gaz en dissolution, ni la composition chimique de l'eau, ni même l'action thérapeutique toujours variable et incertaine, ne peuvent servir de critériums, après avoir invoqué l'autorité des médecins les plus renommés, ils disent avec M. Durand-Fardel : « Il n'est pas permis de refuser un caractère médicamenteux aux eaux minérales que l'usage et plutôt encore la réclame industrielle, mais non pas une nomenclature scientifique, ont rangées parmi les eaux de table, lesquelles sont, du reste, désignées du nom d'eaux digestives. Il importe, en effet, de considérer que les questions de l'hygiène se confondent avec celles de la thérapeutique, appellent le même intérêt et réclament la même protection ».

Après avoir établi qu'à la différence des eaux artificielles, les eaux minérales naturelles sont entre les mains des médecins instruits des agents thérapeutiques puissants et précieux que rien ne peut remplacer, MM. Proust, Pouchet et Riche concluent en ces termes : « Les eaux minérales naturelles constituent pour notre pays une véritable richesse à laquelle il faut bien se garder de porter atteinte ».

Nous croyons en avoir assez dit pour démontrer que le principe posé dans le mémoire en opposition ne repose sur aucun fondement.

XXVI. — Passant ensuite à l'analyse des eaux de Saint-Galmier, les adversaires se demandent si elles sont thérapeutiques.

Ils n'hésitent pas à se prononcer pour la négative en présence des appréciations contenues dans deux délibérations du Conseil municipal de Saint-Galmier du 20 juin 1880 et du 5 août 1883, dans une lettre du préfet de la Loire du 20 janvier 1880 et enfin dans une lettre écrite par la Société Badoit alors en lutte avec M. Richarme.

On peut douter de la compétence, en ces matières, du Conseil municipal, du préfet et même de l'agent de la Société Badoit.

Comme argument décisif, le mémoire ajoute : « On sait que les eaux de Saint-Galmier peuvent être bues indéfiniment par toute personne, malade ou non, jeune ou âgée ». L'argument n'est pas probant. De ce qu'une boisson ou un aliment, pris à dose convenable, n'est jamais nuisible, il ne faudrait pas conclure *a contrario* qu'il n'est jamais bienfaisant. Au surplus, les adversaires semblent se faire des illusions sur l'innocuité absolue des eaux de Saint-Galmier ; on lit, en effet, dans les diverses publications qui leur ont été consacrées, qu'à dose exagérée et pendant trop longtemps, elles entraînent une sorte de dyspepsie médicamenteuse.

Le mémoire invoque encore la classification adoptée par l'octroi de Saint-Etienne qui, taxant Saint-Galmier, laisse entrer en franchise Vichy et Vals. Nous avons vu quelle valeur les savants attachent à ce genre de classification : pour de plus amples explications nous nous référons à la consultation de M. Augagneur.

Enfin, le mémoire prétend s'appuyer sur l'avis du Comité consultatif d'hygiène et laisse croire que cet avis a été défavorable, parce que les eaux de Saint-Galmier ne seraient pas légalement susceptibles de déclaration d'intérêt public. Mais, après la phrase citée, le rapport ajoute : « Elles ne peuvent dès lors être considérées par le Comité que comme venant au second rang parmi celles dont la loi de 1856 a pour objet d'assurer la protection. L'exploitation importante dont elles sont l'objet et la création des industries secondaires à laquelle elles ont donné lieu constituent pour la région un élément de prospérité manifeste. C'est certainement là la considération capitale à invoquer à l'appui de la demande et, sans en nier l'importance, il faut bien reconnaître qu'elle est étrangère à la mission du Comité ».

XXVII. — A ces diverses appréciations, il nous suffira d'opposer l'avis de toutes les illustrations médicales qui depuis plusieurs siècles ont étudié les eaux de Saint-Galmier. Sa « vertu antiseptique », sa « vertu diurétique » qui la « rend efficace dans le traitement des reins et de la vessie », ses « qualités digestives », ont été célébrées tour à tour, sans qu'aucun médecin y ait jamais contredit. Nous ne pouvons assurément pas entrer ici dans une discussion de cette nature et nous nous bornerons à nous référer à la brochure de MM. les docteurs Dupré et Odin : *les Eaux minérales de Saint-Galmier au point de vue médical* (production n° 3), et à la consultation précitée de M. Augagneur.

Au point de vue thérapeutique les sources de Saint-Galmier méritent donc toute la bienveillance du Gouvernement.

XXVIII. — Une dernière considération, qu'il nous eût suffi d'invoquer pour démontrer que la loi de 1856 nous est applicable, c'est que **l'exemple de Saint-Galmier a été précisément visé comme devant déterminer l'institution de la déclaration d'intérêt public.**

Pour justifier le projet de loi, le rapport de la Commission du Corps législatif contenait le passage suivant : « Dans ces derniers temps surtout, la pratique, ici supérieure à la théorie, a montré quels graves dommages une source ancienne et précieuse peut recevoir de sondages opérés même à une certaine distance. Ainsi, aux bains du *Vernet*, un coup de mine pratiqué en 1846, au côté opposé au mamelou au pied duquel s'échappent les sources, en a diminué des deux tiers

l'abondance, et c'est à peine si le dommage est aujourd'hui complètement réparé. A *Gréoulx*, a *Cauterets*, a *Bagnères-de-Luchon*, on a eu à
déplorer des faits analogues. **A Saint-Galmier,** *en 1846, la source,
propriété de la commune, après avoir été au premier coup réduite de moitié
par deux sondages successifs, dont les auteurs se faisaient ainsi réciproquement
échec, mais surtout* **échec** *à la source et* **à l'intérêt public,** *a fini par dis-
paraître tout à fait*. Dans le bassin de *Vichy*... Nous maintenons donc
que pour les sources d'eau minérales, pour celles surtout d'un grand
intérêt public, il peut y avoir de sérieux dommages à craindre, soit
au point de vue de la quantité de leurs eaux, soit au point de vue de
leur qualité, de sondages exécutés à proximité » (Dalloz, *Lois annotées,*
1856.4.88, note 32).

« *L'intérêt public* » à la préservation des sources de Saint-Galmier
était ainsi affirmé par les auteurs mêmes de la loi de 1856.

XXIX. — En ce qui concerne l'objection tirée de l'article 2 du
décret du 8 septembre 1856, elle ne mérite pas de retenir longtemps
l'attention. L'article 2, réglementant la forme de la demande d'intérêt
public, dit qu'elle « fait connaître l'importance du débit journalier de
la source, avec les variations qu'elle est sujette à éprouver, suivant les
saisons, la composition et les propriétés spéciales des eaux, la consis-
tance de l'établissement d'eaux minérales qu'elle alimente et le nombre
des malades que cet établissement a reçus dans les trois années pré-
cédentes. A cette demande est jointe un plan..... représentant l'établissement d'eaux minérales et faisant connaître la disposition des
réservoirs, des salles de bains, des douches et de tous appareils et
constructions servant à l'aménagement des eaux ». Les adversaires en
concluent qu'il n'est pas de source susceptible d'être déclarée d'intérêt public sans malades et sans baigneurs.

Il suffira de répondre que le décret intéressant des sources de
différentes espèces a dû prévoir toutes les indications utiles à fournir. Il
arrive souvent dans les états administratifs que la mention « néant »
soit inscrite en regard d'un grand nombre de questions posées. Si
Saint-Galmier n'a pas d'établissement de bains, c'est que ses eaux sont
surtout destinées à être bues ; s'il n'a pas de buvette, c'est que ses
eaux ont, sur beaucoup d'autres, le précieux avantage de pouvoir être

gardées et consommées à domicile, sans exiger aucun déplacement du consommateur. En méritent-elles moins les faveurs du Gouvernement ? Il serait étrange qu'on refusât de les protéger, sous prétexte qu'au lieu de servir d'enseigne à une station à la mode, elles sont à la portée de tous ceux à qui la modicité de leurs ressources interdit la fréquentation des villes d'eaux !

L'exemple de Condillac est, d'ailleurs, décisif. On objecte que le Comité consultatif a rétracté l'avis favorable qu'il avait d'abord donné pour la source Anastasie. Sans doute, mais le Conseil d'État ne l'a pas moins déclarée d'intérêt public, malgré ce changement d'avis.

Quant à Saint-Romain-le-Puy, son peu d'importance actuelle explique de reste pourquoi la demande a été provisoirement écartée.

XXX. — S'il s'agissait uniquement de la prospérité de l'Établissement de Saint-Galmier, on pourrait peut-être hésiter à déclarer ses sources d'intérêt public. Mais l'Établissement occupe et fait vivre des centaines d'ouvriers que sa ruine réduirait à la misère; le commerce local, des industries annexes, dépendent du sort qui lui est réservé : il serait injuste de les sacrifier.

Bien plus, au-dessus de ces intérêts privés et locaux, la question se pose de savoir si le public, en général, n'est pas intéressé à la conservation de la marque de Saint-Galmier ou si sa disparition lui serait absolument indifférente.

On ne saurait méconnaître que ces eaux tiennent dans l'alimentation une place très importante. Le chiffre des ventes l'atteste : avec quinze millions de bouteilles par an, elles occupent le premier rang, dépassant de moitié les sources de Vichy qui viennent ensuite avec dix millions de bouteilles. Les eaux de Vals, si répandues, n'en vendent ensemble que trois à quatre millions et sont au troisième rang.

La préférence accordée aux eaux de Saint-Galmier ne tient pas seulement à leur goût agréable et à leurs qualités digestives, mais aussi à leur extrême bon marché. Au prix de 0 fr. 25 c. ou 0 fr. 30 c., verre compris, elles coûtent deux ou trois fois moins cher que Vals ou que Vichy, et, seules, sont à la portée des petites bourses.

Le Gouvernement ne saurait permettre, dès lors qu'il est suffisamment armé par la loi, qu'une denrée aussi précieuse que la boisson hygiénique populaire par excellence, si utile en temps d'épidémies, risque d'être à jamais détruite dans une lutte entre industriels.

Nous avons la ferme confiance qu'il accordera à nos sources la protection tutélaire que nous sollicitons.

Conclusions subsidiaires des Consorts Forissier

XXXI. — Par les conclusions subsidiaires qui terminent le mémoire en opposition (n°s XLV à L), les consorts Forissier réclament l'extension aux sources Romaines n° I et Romaine n° II de la déclaration d'intérêt public.

Cette proposition, absolument inadmissible en l'état de la procédure, est une véritable exception dilatoire, destinée à faire ajourner à une époque indéterminée et, dans tous les cas, fort lointaine le projet qu'on veut à tout prix empêcher d'aboutir.

Il n'est pas sérieux de demander la déclaration d'intérêt public pour le puits Romain n° 1, après l'avoir reconnu inexploitable (voir note de M. Grand'Eury à la suite du rapport des experts).

Il ne l'est pas davantage d'y prétendre, dès maintenant, pour la source Romaine n° 2 qui n'est même pas autorisée et risque fort de ne pas l'être de sitôt si la suppression totale des épuisements systématiques doit être le préliminaire de l'autorisation. Il suffirait aux consorts Forissier de perpétuer le *statu quo* pour mettre indéfiniment obstacle à la déclaration et, par suite, à toute possibilité de réprimer leurs agissements.

Supposons que l'autorisation de la source Romaine n° 2 soit activement poursuivie et obtenue dans le plus bref délai possible, c'est-à-dire à peu près un an, après avoir été examinée par les autorités compétentes, notamment par l'Académie de Médecine, à deux reprises, à six mois d'intervalle. Il faudrait ensuite remplir pour cette source toutes les formalités qui ont été imposées par la loi de 1856 : la demande de la Compagnie date du 25 octobre 1895. C'est, par suite, un sursis de deux ans et demi que les adversaires réclament. Nous ne pensons pas qu'aucun spécialiste admette que les sources puissent résister pendant deux ans encore aux atteintes qu'elles subissent.

Aucune raison n'existe, au surplus, pour joindre à notre demande ancienne de dix-huit mois et déjà instruite, un prétendu projet de demande qui ne sera peut-être jamais déposé. Si nous sollicitions un périmètre de protection, les adversaires seraient fondés à prétendre que son obtention serait un préjugé contre eux. Mais la simple déclaration d'intérêt public de nos sources ne met absolument aucun obstacle à ce qu'ils sollicitent, plus tard, la même protection pour la source Romaine n° 2.

Accueillir les conclusions subsidiaires équivaudrait au rejet de la demande.

Production.

1° Traité entre la ville de Saint-Galmier et la Société de l'Établissement de Saint-Galmier ;

2° Note de M. le docteur Augagneur ;

3° « Les Eaux minérales de Saint-Galmier », par MM. les docteurs Dupré et Odin.

Georges DEVIN
Avocat au Conseil